20 EASY
FOR BEGINNERS

FIRST LEVEL

BY TATIANA MIKHAYLOVA

ARLINGTON
2015

Ms. Mikhaylova is a native Russian speaker and has been tutoring U.S. students for many years.

The book is the first in the series of study aids designed for adult learners.

Each of these 20 short stories focuses on a particular subject such as names, age, family, friends, dogs and cats, school, food, weather, etc.

At the end of each story there are questions that help develop conversational skills of the students.

Vocabulary and grammar of the stories are basic; verbs are in the present tense.

Other books by Tatiana Mikhaylova:

20 Easy Stories For Intermediate Students

КУДА ЕДЕТ АВТОБУС?
WHERE DOES THE BUS GO?

КУДА ЛЕТИТ САМОЛЕТ?
WHERE DOES THE PLANE FLY?

КОГО ВЕЗЁТ МАШИНА?
WHO RIDES IN THE CAR?

КТО ПОЕДЕТ В КРАСНОЯРСК?
WHO WILL GO TO KRASNOYARSK?

tatiana1112000@hotmail.com

Copyright © 2015 Tatiana Mikhaylova
All rights reserved.

ISBN: 1517421179
ISBN-13: 9781517421175

СОДЕРЖАНИЕ

Forward ii
Introduction iii
1. СВЕТА И МАРИНА 2
2. ПЕРВЫЙ ДЕНЬ В ШКОЛЕ 4
3. ДРУЗЬЯ И СОСЕДИ 6
4. СОБАКИ И КОШКИ 8
5. РАСПОРЯДОК ДНЯ 10
6. РАБОТА 12
7. ВЫХОДНЫЕ ДНИ 14
8. ВРЕМЕНА ГОДА 16
9. ПОГОДА, ПОГОДА, ПОГОДА 18
10. В МАГАЗИНЕ 20
11. ВКУСНАЯ ЕДА 22
12. НОВЫЙ ГОД 24
13. НОВОЕ ПЛАТЬЕ 26
14. ДЕНЬ РОЖДЕНИЯ МАРИНЫ 28
15. ЗИМНИЕ КАНИКУЛЫ 30
16. СВЕТА БОЛЕЕТ 32
17. У БАБУШКИ С ДЕДУШКОЙ 34
18. ВОСЬМОЕ МАРТА 36
19. ПРОГУЛКА ПО МОСКВЕ 38
20. РУССКАЯ КУХНЯ 40
Цифры, дни, месяцы 42
Русский алфавит 43

Forward

Russian Reading: 20 Easy Stories for Beginners is a valuable tool for learners of the Russian language, of all ages. Russian is not a simple language to learn for speakers, writers and readers of English. Russian uses a different alphabet (Cyrillic), multiple cases in usage, and enough irregular forms to fool a Latin scholar. But it can be learned with help and this set of stories provides that help. One of the most effective ways to learn how to use a language is to read stories about how people live and converse in everyday language.

As I began to learn Russian, I could see from reading and research that it would not be a language to self-teach; so I looked for a teacher. I found Tatiana Mikhaylova and began to learn. Part of her lesson was to read stories together and answer Tatiana's questions about those stories. I found that I could see, hear, speak and understand Russian better, thanks to Tatiana's use of these stories. If you think about it, language acquisition most normally comes during early childhood as we hear our parents and siblings speaking. We learn to understand by mimicry, by trial and error, and by rote memory through repetitive hearing of the words and usage long before we actually have to learn any grammar. Before we ever get to school to learn the formal structures of our native language, we are fluent speakers of the language. We learn by hearing and repeating the stories about the world around us.

Tatiana has put those stories, which might seem to be for children, into print in this book and I recommend them for anyone learning the Russian language. There are several major benefits and gifts in these stories.

First, the language will be seen, heard, pronounced, and explained in numerous common social situations we all encounter every day. Second, as these are written by a native Russian, many cultural constructions of Russian society will become clear. Third, vocabulary will be provided in very small steps, with repetition and reinforcement to enhance memory. Finally, grammar will be seen, as well as the common constructions where grammar rules seem to be broken.

Tatiana Mikhaylova is extremely qualified to write this series. She was born and raised in Moscow and became an attorney in the Russian legal system. She moved to the United States and began to tutor students and translate documents to Russian. She could easily be qualified to teach English as a 2nd language to Russians in America, but she could also teach Russian as a 2nd language.

This series of stories will provide learning from the most basic level of beginning Russian to more advanced levels. Begin at the beginning and you will come to understand the language as it is actually spoken in Moscow and the largest country on Earth.

Charlie Bowles

Introduction

I was born and raised in Moscow, Russia. I Graduated from law school and practiced law for multiple years before relocating to the US in 2000 with my family.

Since coming to the United States, one of the things I have truly enjoyed is tutoring American students in the Russian language. Many of my students have achieved great results and are now fluent in Russian. My tutoring method includes grammar theory with exercises, reading and conversation. These are the three cornerstones of the learning process! Originally I wrote stories for my students while we were covering topics of everyday life, such as family, school, food, weather, social activities, etc. Then I decided to reach out to others who have a passion for the Russian language and wish to learn it.

I am trying to share with everybody my love of the Russian language, literature and other aspects of Russian culture! Of course, no book can replace lessons with a teacher. Books are great study aids, but students always need guidance and explanations provided by a native-speaking teacher.

This book of short stories is designed for beginning students. Its vocabulary and grammar are basic and all verbs are in the present tense. Each story focuses on a specific topic. After each story there is a list of questions, based on its theme. These questions encourage the readers to talk about themselves, their family, friends and other things that people normally chat about. Answering and asking questions is a great tool to develop conversational skills. You will be prepared to go to Russia and make new friends there!

Following each story, there is a list of vocabulary specific to that story. Thus, you do not have to go to the back of the book to search for the translation of an unfamiliar word. Of course, the readers should already know at least some words, such as pronouns, and be familiar with the concept of declension of nouns, pronouns and adjectives and verb conjugation.

Each story repeats some of the previous vocabulary for better memorization and adds several new words.

I will continue with a series of stories for more advanced levels. I sincerely hope you will enjoy them all!

Tatiana Mikhaylova

You can contact the author at: tatiana1112000@hotmail.com.

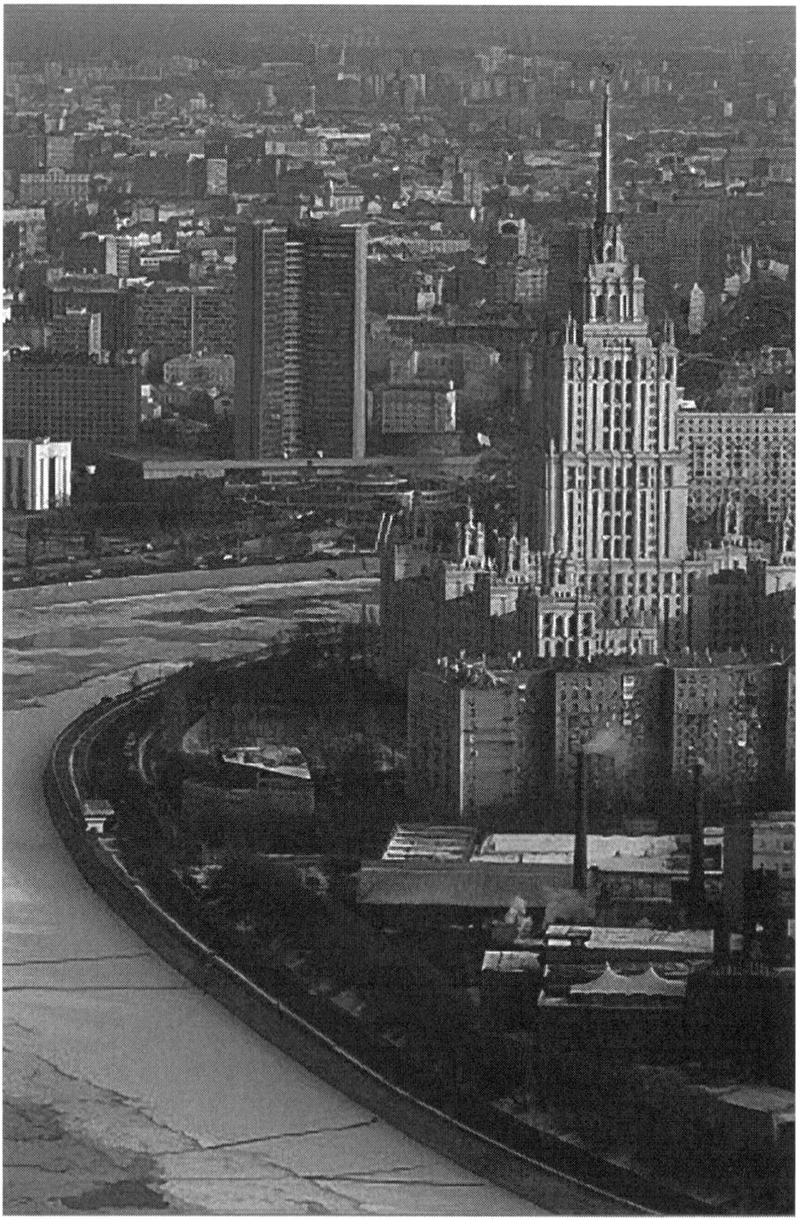

20 простых историй для начинающих

1. СВЕТА И МАРИНА

Sveta and Marina (names)

Света и Марина - сёстры. Они живут в России, в городе Москва с родителями: мамой и папой. Маму зовут Валентина Ивановна, а папу зовут Владимир Петрович. Их фамилия Сергеевы.

Свете семь лет, а Марине девять. Света младшая сестра, а Марина старшая. Марина старше Светы на два года. Их маме тридцать пять лет, а папе тридцать восемь.

Семья Сергеевых живёт в большом доме на улице Лесная. В доме одиннадцать этажей. Сергеевы живут в небольшой квартире на третьем этаже.

У Светы и Марины есть бабушка и дедушка. Это родители мамы, Валентины Ивановны. Бабушку зовут Анна Васильевна, а дедушку зовут Иван Иванович. Их фамилия Васильевы. Бабушке семьдесят пять лет, а дедушке восемьдесят два года. Они тоже живут в Москве. Их дом недалеко от дома семьи Сергеевых, на Цветочной улице.

У девочек есть ещё одна бабушка и ещё один дедушка. Их зовут Мария Михайловна и Пётр Николаевич, а фамилия их тоже Сергеевы. Это родители папы Светы и Марины. Они не живут в Москве. Они живут в деревне. Марии Михайловне семьдесят лет, а Петру Николаевичу семьдесят один год.

У Светы и Марины нет брата.

Такая семья у Светы и Марины.

1. Как вас зовут?
2. Сколько вам лет?
3. Где вы живёте?
4. У вас есть семья?
5. У вас есть родители?
6. У вас есть сестра? Брат?
7. У вас есть бабушка и дедушка?
8. Как их зовут? Как их фамилия?
9. Сколько им лет?
10. Где они живут?

Как _____ зовут?	What is the (person's) name?
Сколько _____ лет?	How old is/are .... ?
У _____ есть	(The person) has
У _____ нет	(The person) does not have

Бабушка	Grandmother		Квартира	Apartment
Большой	Big		Мама	Mom
Брат	Brother		Не	Not
Город	City		Недалеко	Not far
Дедушка	Grandfathers		Папа	Dad
Деревня	Village		Родители	Parents
Дом	House		Семья	Family
Ещё один	One more		Сестра	Sister
Ещё одна			Такая	Such
Жить	To live		Улица	Street
я живу,			Фамилия	Last name
ты живёшь,			Этаж	Floor
он живёт,				
она живёт,				
мы живём,				
вы живёте,				
они живут				

3

2. ПЕРВЫЙ ДЕНЬ В ШКОЛЕ

Сегодня первое сентября! Это первый день осени. Пора идти в школу! Пора учиться! Все дети в России идут в школу первого сентября. Света идёт учиться в первый класс, а Марина идёт в третий класс.

Девочки и их родители идут в школу пешком, потому что их школа недалеко от дома. Возле школы много детей и родителей. У них в руках цветы для учителей и портфели. В портфелях учебники, книги, тетради, ручки, карандаши.

Звенит звонок, и дети идут в классы. В Светин класс входит учительница. "Здравствуйте, дети! - говорит она. - Я ваша первая учительница! Меня зовут Ирина Степановна. А вас как зовут?" В Светином классе двадцать учеников. Восемь мальчиков и двенадцать девочек. Две девочки, Настя и Катя - Светины подружки.

"Сегодня мы учим русский язык, - говорит учительница. - Кто из вас уже умеет читать и писать? Кто знает алфавит?" Света знает алфавит и уже умеет немного читать и писать. Она поднимает руку и говорит: "Я знаю алфавит! Я умею читать!" Учительница пишет на доске буквы, а Света их читает. "А, Бэ, Вэ, Гэ, Дэ..." "Молодец, Света!" - говорит учительница.

Марина уже хорошо читает и пишет. Она даже знает арифметику! В Маринином классе двадцать два ученика: девять мальчиков и тринадцать девочек. Марина знает всех детей в её классе.

Звенит звонок. Пора идти домой!

1. Где вы учитесь?
2. Как зовут вашу учительницу?
3. Сколько учеников в вашем классе?
4. Где учатся ваши братья и сёстры?
5. Вы знаете русский язык?
6. Вы знаете русский алфавит?

7. Вы зна́ете арифме́тику?
8. Вы уме́ете чита́ть и писа́ть?
9. У вас есть уче́бники?
10. Вы чита́ете кни́ги?

Алфави́т	Alphabet	Молоде́ц	Good job
Арифме́тика	Arithmetic	О́сень	Autumn
Бу́квы	Letters	Пе́рвый,	First,
Во́зле	Near	пе́рвая,	1st
Говори́ть	To say	пе́рвое,	
Де́вочка	Girl	пе́рвые	
День	Day	Пешко́м	On foot
Доска́	Blackboard	Писа́ть	To write
Звени́т	Rings	Поднима́ть	To raise
Звоно́к	Bell	Подру́жка	Girlfriend
Здра́вствуйте	Hello	Пора́	It is time
Знать	To know	Портфе́ль	Briefcase
Идти́	To go	Рука́, ру́ки	Hand, hands
я иду́,		Сентя́брь	September
ты идёшь,		Тре́тий	Third
он идёт,		Уме́ть	To be able
она́ идёт,		Учи́ться	To study
мы идём,		Учи́тель,	Teacher
вы идёте,		Учи́тельница	
они́ иду́т		Учени́к	Pupil
Класс	Class	Уче́бник	Textbook
Кни́га	Book	Цветы́	Flowers
Ма́льчик	Boy	Чита́ть	To read
Мно́го	Many, much	Шко́ла	School

3. ДРУЗЬЯ И СОСЕДИ

У Све́ты и Мари́ны есть друзья́ и подру́ги, ма́льчики и де́вочки. Все э́ти де́ти живу́т в их до́ме и в сосе́дних дома́х, у́чатся в одно́й шко́ле и игра́ют в одно́м дворе́. Все роди́тели хорошо́ зна́ют друг дру́га.

Лу́чшая подру́га Све́ты - де́вочка Ка́тя. Ей то́же семь лет, как и Све́те. Она́ живёт с ма́мой и па́пой, а бра́тьев и сестёр у неё нет. Ка́тя и её роди́тели живу́т на шесто́м этаже́. Све́та и Ка́тя - сосе́дки! Они́ дру́жат о́чень давно́. До́ма они́ вме́сте игра́ют в ку́клы и други́е игру́шки, а во дворе́ бе́гают и игра́ют с други́ми детьми́. Тепе́рь они́ у́чатся в одно́м кла́ссе!

Лу́чшую подру́гу Мари́ны зову́т Ве́ра. Ей де́сять лет. Она́ на год ста́рше Мари́ны. Она́ у́чится в четвёртом кла́ссе. У Ве́ры есть ста́рший брат, его́ зову́т Во́ва. Ему́ двена́дцать лет. Он на два го́да ста́рше Ве́ры и на три го́да ста́рше Мари́ны. Ве́ра и Во́ва живу́т в сосе́днем до́ме. Во́ва у́чится игра́ть в те́ннис. Он лю́бит спорт. Он уже́ не игра́ет в игру́шки.

У Серге́евых о́чень хоро́шие сосе́ди, муж и жена́. Их зову́т Гали́на Семёновна и Илья́ Миха́йлович. Им шестьдеся́т шесть лет. У них уже́ есть вну́ки, но их де́ти и вну́ки живу́т далеко́, не в Москве́, а в друго́м го́роде. У сосе́дей есть больша́я и о́чень до́брая соба́ка. Соба́ку зову́т Дружо́к. Дружку́ пять лет. Он на два го́да мла́дше Све́ты и на четы́ре го́да мла́дше Мари́ны. Но для соба́ки пять лет - э́то не ма́ло. Дружо́к уже́ не ребёнок. Сосе́ди о́чень лю́бят Све́ту и Мари́ну. Дружо́к то́же о́чень их лю́бит! Де́вочки о́чень лю́бят гуля́ть и игра́ть с Дружко́м.

1. Вы зна́ете ва́ших сосе́дей?
2. Вы дру́жите с ни́ми?
3. Как их зову́т?
4. Ско́лько им лет?
5. У них больша́я семья́?
6. У вас есть друзья́?

7. Где живу́т ва́ши друзья́?
8. Где у́чатся ва́ши друзья́?
9. У вас есть соба́ка?
10. Вы лю́бите гуля́ть и игра́ть с соба́кой?

Вну́ки	Grandchildren	Игру́шки	Toys
Гуля́ть	To walk	Ку́клы	Dolls
Давно́	Since long ago	Лу́чшая	Best
Далеко́	Far	Люби́ть	To love
Двор	Yard	я люблю́,	
До́брая	Kind	ты лю́бишь,	
Друг	Friend	он лю́бит,	
Друго́й	Another	она́ лю́бит,	
Дружи́ть	To be friends	мы лю́бим,	
Друзья́	Friends	вы лю́бите,	
Игра́ть	To play	они́ лю́бят	
я игра́ю,		Ма́ло	Few, little
ты игра́ешь,		Подру́ги	Girlfriends
он игра́ет,		Ребёнок	Child
она́ игра́ет,		Соба́ка	Dog
мы игра́ем,		Сосе́ди	Neighbors
вы игра́ете,		Спорт	Sport
они́ игра́ют		То́же	Also

4. СОБАКИ И КОШКИ

Все люди любят собак и кошек, но не у всех дома есть собака или кошка. Не у всех есть время для собак и кошек. Их надо кормить, с ними надо ходить гулять, играть, идти к ветеринару.

Многие люди каждый день рано уходят на работу и поздно приходят домой. Собакам и кошкам грустно весь день быть дома одним.

У соседей Светы и Марины есть собака. Соседи пожилые люди, они уже не работают. Они всё время дома. У них есть время кормить собаку и гулять с ней. Собаку зовут Дружок. Дружку пять лет. Для собаки пять лет - не так мало. Дружок уже большой! Он добрый и весёлый, любит бегать и играть.

Света и Марина тоже очень любят гулять и играть с Дружком. После школы они идут с ним в парк, где можно побегать. У девочек есть маленький мячик. Дружок очень любит бегать за мячиком. Девочки бросают мячик, Дружок бежит за ним и приносит его девочкам. Они опять его бросают, Дружок опять бежит за ним и приносит девочкам. Это очень весёлая игра! Всем весело!

В парке гуляют другие люди, с собаками и без собак. Собаки играют друг с другом. Они бегают друг за другом и громко лают. Идти домой никто не хочет!

В доме, на улицах, во дворе и в парке есть кошки. Кошки и собаки не дружат. Кошки убегают от собак, а собаки бегают за кошками и лают. Собаки любят бегать за кошками, им это весело, а кошки не любят бегать за собаками! И убегать от собак кошки тоже не любят! Им это не весело! И в мячик не любят играть! А вот детей кошки очень любят, потому что дети их кормят. А дети любят и собак, и кошек и играть любят и с собаками, и с кошками.

1. У вас до́ма есть соба́ка? Ко́шка?
2. Кто их ко́рмит?
3. Кто с ни́ми гуля́ет и игра́ет?
4. У ва́ших сосе́дей есть соба́ка и́ли ко́шка?
5. Вы хоти́те соба́ку и́ли ко́шку?
6. В ва́шем го́роде есть парк?
7. Вы лю́бите гуля́ть в па́рке?
8. Вы лю́бите игра́ть в мя́чик?
9. Вы лю́бите бе́гать?
10. Где лю́ди бе́гают?

Бе́гать, побе́гать	To run	Приходи́ть	To come
Без	Without	Рабо́та	Work
Броса́ть	To throw	Рабо́тать	To work
Быть	To be	Ра́но	Early
Весёлый	Joyful	С	With
Все	Everybody	Уходи́ть	To leave
Всё	Everything	Ходи́ть	To go
Вре́мя	Time	я хожу́,	
Гру́стно	Sad	ты хо́дишь,	
Друг за дру́гом	One after another	он хо́дит, она хо́дит, мы хо́дим,	
Други́е	Other	вы хо́дите,	
Корми́ть	To feed	они хо́дят	
Ко́шки	Cats	Хоте́ть	To want
Ла́ять	To bark	я хочу́,	
Мя́чик	Ball	ты хо́чешь,	
Парк	Park	он хо́чет,	
Пожилы́е	Elderly	она хо́чет,	
По́здно	Late	мы хоти́м,	
По́сле	After	вы хоти́те,	
Приноси́ть	To bring	они хотя́т	

5. РАСПОРЯДОК ДНЯ

В неде́ле семь дней: понеде́льник, вто́рник, среда́, четве́рг, пя́тница, суббо́та и воскресе́нье. Суббо́та и воскресе́нье - выходны́е дни. В э́ти дни роди́тели не рабо́тают и де́ти не у́чатся. А в понеде́льник, вто́рник, сре́ду, четве́рг и пя́тницу лю́ди рабо́тают и у́чатся.

Сего́дня понеде́льник.

В семь часо́в утра́ звени́т буди́льник. Пора́ встава́ть! Ма́ма встаёт пе́рвая и бы́стро гото́вит для всех за́втрак. Па́па встаёт второ́й и до́лго мо́ется в ва́нной. Пото́м встаёт Мари́на, а Све́та, мла́дшая сестра́, встаёт после́дняя. Она́ лю́бит поспа́ть! Но на́до идти́ в шко́лу и учи́ться! Де́вочки мо́ются в ва́нной о́чень бы́стро. Пото́м они́ бы́стро едя́т за́втрак и бы́стро бегу́т в шко́лу. Они́ начина́ют учи́ться в во́семь два́дцать утра́. Хорошо́, что шко́ла недалеко́ от до́ма и бежа́ть недалеко́!

В три часа́ дня де́вочки конча́ют учи́ться и иду́т домо́й. Там их ждёт ба́бушка. Она́ гото́вит для них обе́д. А ма́ма и па́па в э́то вре́мя ещё на рабо́те. Они́ начина́ют рабо́тать в де́вять часо́в утра́, а конча́ют в шесть часо́в ве́чера. В семь часо́в ве́чера ма́ма с па́пой уже́ до́ма.

Де́вочки обе́дают. По́сле обе́да они́ де́лают уро́ки, а пото́м иду́т гуля́ть во двор и́ли в парк, игра́ют с друзья́ми.

Ве́чером семья́ у́жинает. У́жин гото́вит ма́ма, и́ли па́па, и́ли ба́бушка. Пото́м они́ смо́трят телеви́зор и́ли чита́ют кни́ги.

В де́вять часо́в ве́чера де́вочки иду́т спать. За́втра опя́ть на́до встава́ть ра́но и начина́ть всё снача́ла!

1. Како́й сего́дня день?
2. Како́й день за́втра?
3. Ско́лько сейча́с вре́мени?
4. Во ско́лько вы встаёте?
5. Во ско́лько вы за́втракаете? Обе́даете? У́жинаете?
6. Во ско́лько вы идёте на рабо́ту и́ли в шко́лу?

7. Во ско́лько вы начина́ете рабо́тать? Конча́ете?
8. Что вы де́лаете ве́чером по́сле у́жина?
9. Вы лю́бите смотре́ть телеви́зор?
10. Вы лю́бите чита́ть кни́ги?

Будильник	Alarm clock	Начинать	To begin
Быстро	Fast	Неделя	Week
Ванная	Bathroom	Обед	Lunch
Вечером	In the evening	Последняя	Last
		Поспать, спать	To sleep
Вставать	To get up		
Выходные	Weekend	Распорядок	Schedule
Готовить	To cook	Семь часов утра	Seven AM
Делать	To do		
Днём	At daytime	Смотреть	To watch
Завтрак	Breakfast	Телевизор	Television
Кончать	To finish	Ужин	Dinner
Медленно	Slowly	Утром	In the morning
Мыться	To wash		
Надо	Need		

Понедельник	Monday
Вторник	Tuesday
Среда	Wednesday
Четверг	Thursday
Пятница	Friday
Суббота	Saturday
Воскресенье	Sunday

6. РАБОТА

Мама и папа Светы и Марины, Валентина Ивановна и Владимир Петрович, работают каждый день, кроме выходных. Владимир Петрович инженер. Он работает на заводе. Он работает там давно, уже десять лет. Валентина Ивановна продавец. Она работает в магазине женской одежды. Она тоже работает давно, уже восемь лет.

Каждый день Владимир Петрович начинает работать в девять часов утра и заканчивает в шесть часов вечера. Валентина Ивановна каждый день начинает работать в восемь часов утра и заканчивает в пять часов вечера. Владимир Петрович работает с инструментами и с документами. Он хороший инженер. Он любит свою работу и думает, что его работа интересная и нужная. Он думает, что у его жены работа скучная и тяжёлая. Валентина Ивановна работает с женщинами. Она продаёт женскую одежду. Она хороший продавец. Она любит свою работу и думает, что её работа интересная и нужная. Она думает, что работа её мужа скучная и тяжёлая.

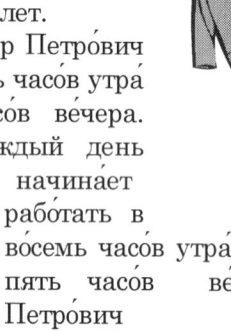

Владимир Петрович хорошо зарабатывает и думает, что его жена может не работать. Он думает, что она может целый день быть дома, готовить еду, убирать квартиру и ходить в магазин за покупками. Валентина Ивановна думает, что не ходить на работу и быть дома целый день, с утра до вечера, и весь день готовить еду, убирать квартиру и ходить в магазин за покупками тяжело и неинтересно, если она это делает одна. Она думает, что быть дома весело, когда вся семья дома, готовить еду не тяжело, когда это делает бабушка, ходить в магазин за покупками интересно, когда это магазин женской одежды и она идёт туда со своей подругой, а убирать квартиру хорошо, когда это делают Света и Марина.

1. Где вы работаете?
2. Где работает ваш муж или жена?
3. Вы любите вашу работу?
4. Ваша работа интересная или скучная?
5. Ваша работа тяжёлая или не тяжёлая?
6. Кто у вас дома готовит еду?
7. Вы хорошо готовите?
8. Кто ходит в магазин за покупками?
9. Кто убирает квартиру?
10. Как вы думаете, тяжело быть всё время дома?

Документ	Document	Одежда	Clothes
Завод	Plant	Продавец	Sales person
Зарабатывать	To earn	Продавать	To sell
Инженер	Engineer	Скучная	Boring
Инструмент	Instrument	Тяжёлая	Hard
Интересная	Interesting	Убирать	To clean
Каждый	Every	квартиру	apartment
Кроме	Except	Ходить за	To go
Магазин	Store	покупками	shopping
Может	Can	Целый день	All day
Нужная	Needed		

13

7. ВЫХОДНЫЕ ДНИ

В неде́ле семь дней, пять из них рабо́чие дни и два дня выходны́е. Э́то суббо́та и воскресе́нье, когда́ почти́ никто́ не рабо́тает, а де́ти не у́чатся. Выходны́е дни - э́то дни о́тдыха! Лю́ди отдыха́ют. Мо́жно де́лать всё, что хо́чешь. Мо́жно до́лго спать и по́здно встава́ть. Мо́жно спать весь день и не встава́ть вообще́! Мо́жно весь день смотре́ть телеви́зор! Мо́жно ничего́ не де́лать и никуда́ не ходи́ть! Но э́то не интере́сно! Э́то ску́чно. Интере́сно куда́-нибудь пойти́, наприме́р, в кино́, в теа́тр, на конце́рт, на вы́ставку, в музе́й, в зоопа́рк, в го́сти к друзья́м и́ли к ба́бушке с де́душкой. Мо́жно пригото́вить како́й-нибудь осо́бенно вку́сный обе́д и́ли у́жин и́ли пойти́ всей семьёй обе́дать и́ли у́жинать в кафе́ и́ли рестора́н.

Москва́ - о́чень большо́й, интере́сный го́род, здесь есть о́чень интере́сные музе́и, вы́ставки, краси́вые па́рки, хоро́шие теа́тры, кинотеа́тры, ци́рки, зоопа́рки.

Све́та и Мари́на в суббо́ту и воскресе́нье у́тром до́лго спят и встаю́т по́здно. Буди́льник у́тром в суббо́ту и воскресе́нье не звени́т! Когда́ они́ встаю́т, вку́сный за́втрак уже́ гото́в. По́сле за́втрака де́вочки ду́мают, куда́ пойти́. Иногда́ они́ хотя́т пойти́ в одно́ и то же ме́сто, а иногда́ одна́ сестра́ хо́чет пойти́ в одно́ ме́сто, а друга́я сестра́ - в друго́е! Наприме́р, Све́та хо́чет идти́ в кино́, а Мари́на хо́чет идти́ в зоопа́рк. И́ли Све́та хо́чет пойти́ на де́тский конце́рт в парк, а Мари́на не хо́чет, потому́ что она́ ду́мает, что э́тот конце́рт для ма́леньких дете́й, а она́ уже́ больша́я. И́ли Све́та хо́чет быть до́ма и смотре́ть де́тские мультфи́льмы по телеви́зору, а Мари́на не хо́чет, потому́ что она́ не лю́бит мультфи́льмы. Э́то пробле́ма! Они́ начина́ют спо́рить. Мо́жно спо́рить до ве́чера, а ве́чером пойти́ в кафе́-моро́женое, потому́ что моро́женое все лю́бят!

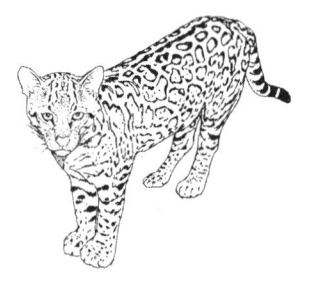

14

1. Что вы де́лаете в выходны́е дни?
2. Вы до́лго спи́те?
3. Когда́ вы встаёте?
4. Вы лю́бите быть до́ма?
5. Вы лю́бите смотре́ть телеви́зор?
6. Каки́е интере́сные места́ есть в ва́шем го́роде?
7. Вы лю́бите ходи́ть в кино́? В теа́тр? На конце́рты?
8. Вы лю́бите обе́дать и у́жинать до́ма и́ли в рестора́не?
9. Что в выходны́е хотя́т де́лать ва́ша жена́ и́ли муж, ва́ши де́ти?
10. Вы иногда́ спо́рите с жено́й и́ли муже́м, с детьми́?

Вообще́	At all	Осо́бенно	Especially
Вы́ставка	Exhibition	О́тдых	Rest
Зоопа́рк	Zoo	Отдыха́ть	To rest
Иногда́	Sometimes	Почти́	Almost
Кино́	Movies	Пойти́ в го́сти	To go visit someone as a guest
Куда́-нибудь	Somewhere		
Конце́рт	Concert		
Мо́жно	Can	Пробле́ма	Problem
Моро́женое	Ice cream	Спо́рить	To argue
Мультфи́льмы	Cartoons	Теа́тр	Theater
Никуда́	Nowhere	Цирк	Circus
Ничего́	Nothing		

8. ВРЕМЕНА ГОДА

Сегодня вторник, двадцатое сентября. Сейчас девять часов утра. Дети в школе. Идёт урок. Учительница спрашивает: "Кто из вас знает, какие есть сезоны, то есть времена года? Кто знает, сколько в году месяцев и может их назвать?" Света знает ответ. Она поднимает руку: "Есть четыре сезона, или времени года: зима, весна, лето, осень. В году двенадцать месяцев. Это январь, февраль, март, апрель, май, июнь, июль, август, сентябрь, октябрь, ноябрь и декабрь. Январь - первый месяц года, а декабрь - последний. Первое января - первый день года, а тридцать первое декабря - последний день года. Декабрь, январь, февраль - это зимние месяцы. Март, апрель и май - это весенние месяцы. Июнь, июль и август - это летние месяцы. Сентябрь, октябрь, ноябрь - это осенние месяцы. Зимой в России холодно и идёт снег. Весной снег тает и начинает идти дождь. Летом жарко. Осенью опять холодно и идёт холодный дождь." "Молодец, Света! - говорит учительница. - Какое время года ты любишь?" Света говорит: "Я очень люблю лето. Летом школа не работает, уроков нет и дети не учатся. Дети летом отдыхают. Мы с моей старшей сестрой Мариной всегда отдыхаем в деревне у бабушки с дедушкой. Там нам всегда очень весело отдыхать! Мы с Мариной очень любим бабушку и дедушку. Они нас тоже очень любят. Они добрые и хорошие! Плохо, что лето ещё не скоро! Плохо, что лето не может быть всегда!" Все смеются. Сейчас сентябрь, первый месяц осени. Сегодня холодный день и всё утро идёт дождь. Лето ещё очень не скоро.

16

"Света, тебе не интересно жить в городе, а не в деревне, и учиться в школе вместе с другими детьми? Тебе это скучно?" - спрашивает учительница. Света думает и говорит: "Интересно. Но не всё время". Все дети опять смеются.

1. Какое время года холодное?
2. Какое время года жаркое?
3. Когда идёт снег?
4. Когда идёт дождь?
5. Какое время года вы любите? Почему?
6. Вы хотите жить в городе или в деревне?
7. Вы любите учиться?
8. Какое сейчас время года?
9. Какой сейчас месяц?
10. Какое сегодня число?

Время года	Time of the year	Плохо	Bad
Всегда	Always	Скоро	Soon
Дождь	Rain	Снег	Snow
Месяц	Month	Холодно	Cold
Ответ	Answer		

Январь	January
Февраль	February
Март	March
Апрель	April
Май	May
Июнь	June
Июль	July
Август	August
Сентябрь	September
Октябрь	October
Ноябрь	November
Декабрь	December

9. ПОГОДА, ПОГОДА, ПОГОДА

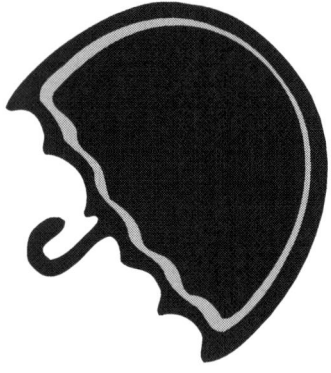

Пя́тница, четы́ре часа́ дня. Ба́бушка слу́шает ра́дио. По ра́дио ди́ктор говори́т о пого́де. "Сейча́с температу́ра - оди́ннадцать гра́дусов тепла́, све́тит со́лнце. Ве́тра нет. Дождя́ сего́дня нет", - ве́село говори́т же́нщина – ди́ктор.

"Температу́ра плюс оди́ннадцать гра́дусов - э́то тепло́ и́ли хо́лодно?" - ду́мает ба́бушка. "О́сенью и́ли весно́й, когда́ нет дождя́ и све́тит со́лнце, оди́ннадцать гра́дусов - э́то тепло́, но не о́чень. А когда́ со́лнца нет, на не́бе ту́чи, идёт дождь, оди́ннадцать гра́дусов - э́то хо́лодно. О́сенью и́ли весно́й, когда́ температу́ра оди́ннадцать гра́дусов, нет дождя́ и све́тит со́лнце, мо́жно гуля́ть в па́рке, но не до́лго. Идти́ на́до бы́стро, потому́ что ме́дленно идти́ хо́лодно. А когда́ оди́ннадцать гра́дусов и идёт дождь, гуля́ть в па́рке о́чень неприя́тно да́же под зо́нтиком. Хотя́, когда́ идёт си́льный дождь, быть на у́лице неприя́тно да́же ле́том, когда́ температу́ра два́дцать гра́дусов тепла́. А вот зимо́й, когда́ идёт снег и температу́ра ми́нус пять гра́дусов, гуля́ть в па́рке о́чень прия́тно...."

Ба́бушка лю́бит ду́мать о пого́де. Све́та и Мари́на не зна́ют, почему́ ба́бушка так мно́го говори́т и ду́мает о пого́де. Она́ о́чень ре́дко выхо́дит на у́лицу. Она́ почти́ всё вре́мя до́ма. Она́ о́чень ре́дко хо́дит в магази́н за поку́пками. В магази́н хо́дят де́вочки и ма́ма с па́пой. И с соба́кой ба́бушка не гуля́ет, потому́ что соба́ки у неё нет. У неё да́же ко́шки нет.

Девочки не слушают передачи про погоду по радио. Им это неинтересно. Они смотрят в окно и видят, идёт или не идёт дождь или снег, тучи на небе или светит солнце. Может быть, бабушка плохо видит и поэтому слушает передачи о погоде по радио?

1. Какая сейчас погода?
2. Какая сейчас температура на улице?
3. Какая сейчас температура в доме?
4. Там, где вы живёте, лето тёплое или жаркое?
5. Какая там температура летом?
6. Там, где вы живёте, зима холодная?
7. Какая там температура зимой?
8. Вы любите гулять под дождём?
9. Вы любите гулять, когда идёт снег?
10. Вы слушаете передачи про погоду по радио?

Видеть	To see	Приятно	Pleasant
Диктор	Announcer	Радио	Radio
Зонтик	Umbrella	Слушать	To listen
Неприятно	Unpleasant	Солнце	Sun
Окно	Window	Температура	Temperature
Передача	Broadcast	Тепло	Warm
Погода	Weather	Тучи	Clouds

10. В МАГАЗИНЕ

Сегодня пятница. Сейчас пять часов вечера. Девочки уже дома, с бабушкой. Бабушка готовит обед на завтра и просит девочек пойти в магазин за продуктами. "Что нужно купить?" - спрашивают они. Бабушка смотрит, что есть в холодильнике.

Там почти ничего нет. "Пожалуйста, купите чёрный и белый хлеб, масло, молоко, сыр, колбасу". "Картошка у нас есть, капуста тоже есть. Суп приготовить можно. Мясо тоже есть, можно приготовить второе, а рыбы нет, но рыба сейчас нам не нужна", - думает она.

Девочки берут деньги и сумку и выходят из квартиры. Магазин недалеко от дома, через улицу. Они часто туда ходят. Все продавцы их хорошо знают. "Здравствуйте, тётя Катя", - говорит Света продавцу кондитерского отдела. Мама иногда покупает там конфеты. "Здравствуй, Света, как дела?" - отвечает тётя Катя. "Хорошо", - говорит Света и смотрит на большой красивый шоколадный торт. "Вкусный, наверное", - думает она. Марина зовёт сестру, и девочки идут дальше. "Ты помнишь, что нам нужно купить?" - спрашивает Марина. "Помню - отвечает Света. - Конфеты, мороженое, шоколад". Света смеётся. Марина не слушает её и идёт дальше. Она же старшая. Она серьёзная! Ей нужно купить продукты для семьи. Завтра суббота, все обедают вместе. Бабушка на обед всегда готовит очень вкусный суп и второе. На десерт всегда чай с конфетами.

В магазине много продуктов. Овощи, фрукты, мясо, рыба, сыры, колбасы, хлеб. Света смотрит на красивые красные яблоки. "Марина, надо купить яблоки", - говорит она. "У нас дома есть яблоки", - отвечает Марина. "Дома они тебе не нужны, ты их не хочешь, а в магазине ты хочешь купить всё, на что ты смотришь", - говорит она Свете. Света опять смеётся.

1. Вы часто ходите в магазин за продуктами?
2. Кто в вашей семье любит покупать продукты?
3. Магазин далеко или недалеко от вашего дома?
4. Какие продукты есть в магазине?
5. Что вы покупаете на завтрак?
6. Что вы покупаете на обед?
7. Что вы покупаете на ужин?
8. Вы покупаете конфеты для детей?
9. В выходные дни вы завтракаете, обедаете и ужинаете вместе с семьёй?
10. Кто в вашей семье готовит в выходные дни?

Белый	White	Пожалуйста	Please
Вместе	Together	Помнить	To remember
Второе	Second course	Продукты	Groceries
Давай	Let's	Рыба	Fish
Как дела?	How are you?	Серьёзная	Serious
Капуста	Cabbage	Смеяться	To laugh
Картошка	Potatoes	Спрашивать	To ask
Колбаса	Sausage	Суп	Soup
Кондитерский отдел	Bakery department	Сыр	Cheese
		Фрукты	Fruits
Конфета	Candy	Хлеб	Bread
Красивые	Beautiful	Холодильник	Refrigerator
Красные	Red	Через улицу	Across the street
Купить, покупать	To buy		
		Чёрный	Black
Масло	Butter	Шоколадный торт	Chocolate cake
Молоко	Milk		
Мясо	Meat	Яблоки	Apple
Овощи	Vegetables		

21

11. ВКУ́СНАЯ ЕДА́

Пя́тница, шесть часо́в ве́чера. Де́вочки иду́т домо́й из магази́на с поку́пками. У них в рука́х су́мки с проду́ктами. В су́мках хлеб, сыр, колбаса́, молоко́. Де́вочки прино́сят поку́пки домо́й. До́ма их ждёт ба́бушка. Де́вочки даю́т поку́пки ба́бушке. Тепе́рь ба́бушка мо́жет начина́ть гото́вить еду́ для семьи́. Ба́бушка о́чень хорошо́ гото́вит! Она́ лю́бит и уме́ет гото́вить и корми́ть семью́. Она́ зна́ет мно́го реце́птов вку́сной еды́. У неё есть кни́ги с реце́птами. Де́вочкам о́чень интере́сно чита́ть э́ти кни́ги. Они́ то́же хотя́т уме́ть хорошо́ гото́вить.

"Что для вас сего́дня пригото́вить?" - ча́сто спра́шивает ба́бушка вну́чек. Де́вочки всегда́ зна́ют, что отве́тить! Они́ лю́бят вку́сно пое́сть. (А кто не лю́бит? Таки́х люде́й нет!) Но еда́ должна́ быть не то́лько вку́сная, но и поле́зная. В ней должны́ быть витами́ны, поэ́тому ба́бушка ка́ждый день даёт вну́чкам о́вощи и фру́кты.

На за́втрак поле́зно есть ка́шу и пить чай с молоко́м. На обе́д ну́жно есть суп и второ́е. Ба́бушка уме́ет гото́вить мно́го супо́в: кури́ный суп, овощно́й суп, щи, борщ. На второ́е она́ гото́вит котле́ты, мя́со, ры́бу с карто́шкой, макаро́нами и́ли овоща́ми. На десе́рт - фру́кты, чай с варе́ньем и пече́ньем. На у́жин мо́жно пое́сть бутербро́ды с колбасо́й и́ли сы́ром.

Ма́ма то́же вку́сно гото́вит, но у неё ма́ло вре́мени. Она́ весь день на рабо́те. Она́ за́втракает до́ма, а обе́дает на рабо́те, в кафе́. Когда́ ма́ма прихо́дит домо́й ве́чером, она́ у́жинает вме́сте с па́пой и с де́вочками.

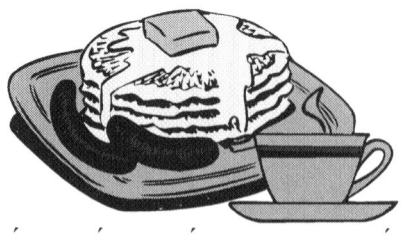

По пра́здникам ба́бушка гото́вит пироги́. Сла́дкие пироги́ на десе́рт с варе́ньем и́ли с я́блоками. Несла́дкие пироги́ с мя́сом, с карто́шкой, с капу́стой.

Гото́вить всё э́то ну́жно о́чень, о́чень до́лго, а съесть мо́жно о́чень, о́чень бы́стро! Потому́ что всё о́чень, о́чень вку́сно!

1. Вы лю́бите вку́сно пое́сть?
2. Вы зна́ете мно́го реце́птов?

3. У вас есть кни́ги с реце́птами?
4. Каки́е супы́ вы уме́ете гото́вить?
5. У вас всегда́ до́ма есть проду́кты?
6. Каки́е проду́кты у вас в холоди́льнике?
7. Вы спра́шиваете ва́ших дете́й, му́жа и́ли жену́, что для них пригото́вить?
8. Вы еди́те о́вощи и фру́кты ка́ждый день?
9. Что вы еди́те на за́втрак? На обе́д? На у́жин?
10. Что вы гото́вите по пра́здникам?

Борщ	Beet soup	Макаро́ны	Pasta
Бутербро́д	Sandwich	Пече́нье	Cookies
Варе́нье	Jam	Приноси́ть	To bring
Витами́ны	Vitamins	Поку́пки	Purchases
Вку́сная	Tasty	Реце́пты	Recipe
Дава́ть	To give	То́лько	Only
Еда́	Food	Поле́зная	Good for health
Ждать	To wait	Сла́дкие	Sweet
Ка́ша	Hot cereal	Су́мка	Purse
Котле́ты	Meat balls	Чай	Tea
Кури́ный суп	Chicken soup	Щи	Cabbage soup

12. НОВЫЙ ГОД

Есть рабочие дни, есть выходные и есть праздники! В праздники почти никто не работает и дети не учатся. Люди отдыхают, поздравляют друг друга, дарят друг другу подарки, надевают красивую одежду, ходят друг к другу в гости, едят вкусную еду, смотрят новогодние передачи по телевизору.

Самый любимый праздник у Светы и Марины - это Новый Год, а у их мамы - женский день: 8-е марта.

Новый Год начинается 1-го января, а праздник начинают отмечать вечером 31-го декабря. По традиции, это семейный праздник и его отмечают дома, хотя есть люди, которые любят отмечать этот праздник в ресторане. Это очень весёлый праздник. Дома у Светы и Марины готовят вкусную еду, сладкий праздничный пирог с вареньем, красиво накрывают стол.

В доме стоит настоящая ёлка из леса, папа всегда покупает её перед Новым Годом. Девочки вешают на ёлку красивые украшения: шары, звёзды, лампочки. Под ёлкой всегда есть подарки. Маленьким детям взрослые говорят, что это подарки от Деда Мороза и его внучки Снегурочки, но Света и Марина уже не такие маленькие. Они большие и знают, что подарки для них покупают в магазине их родители, а Дед Мороз и Снегурочка есть только в сказках. А ещё Дед Мороз и Снегурочка - это артисты из театра, которые играют в праздничных детских спектаклях и концертах.

В двенадцать часов ночи Новый Год "встречают", родители пьют шампанское, все поздравляют друг друга. По телевизору диктор поздравляет всех и начинается новогодний концерт. Теперь можно смотреть подарки: куклы, игры, конфеты! Дед Мороз всегда знает, кто что любит и кому что нужно дарить! Большая красивая кукла для Светы, новое платье для Марины, духи для мамы, одеколон для папы, тёплые носки для бабушки, книга для дедушки. Все очень довольны подарками. Всё хорошо, только девочки очень хотят спать! Они идут спать, а родители хотят посмотреть концерт по телевизору. На улице гуляют люди, громко разговаривают, смеются.

Новый Год - это ночной праздник!

1. Какой праздник ваш любимый?
2. Вы отмечаете Новый Год?
3. Где вы его отмечаете? С кем?
4. Как вы отмечаете этот праздник?
5. Вы покупаете ёлку?
6. Кому вы дарите подарки?
7. Какие подарки вы дарите?
8. Кто дарит подарки вам?
9. Какие подарки вам дарят?
10. Когда вы идёте спать?

Артист	Show man	Настоящая	Real
Встречать	To meet	Новое	New
Дарить	To give gifts	Носки	Socks
Дед Мороз	Father Frost	Одеколон	Cologne
Духи	Perfume	Отмечать	To celebrate
Довольны	Pleased	Пить	To drink
Ёлка	Fur tree	Платье	Dress
Звёзды	Stars	Подарки	Gifts
Концерт	Concert	Поздравлять	To congratulate
Красиво	Beautifully	Праздник	Holiday
Лампочки	Lights	Сказка	Fairy tale
Лес	Forest	Снегурочка	Snow Girl
Любимый	Favorite	Спектакль	Play
Надевать	To put on	Стоять	To stand
Накрывать стол	To set the table	Украшения	Decorations
		Шары	Balloons

13. НОВОЕ ПЛАТЬЕ

Дети растут быстро, даже слишком быстро - так иногда думают их родители. Например, когда нужно покупать детям новую одежду. Дети, наоборот, думают, что они растут медленно, даже слишком медленно, потому что они очень любят, когда родители покупают им новую одежду. Родители всегда думают, что покупают новую одежду детям слишком часто, а дети, наоборот, думают, что родители покупают им новую одежду слишком редко! Такой вот конфликт интересов...

Сегодня суббота, сейчас два часа дня. После обеда мама с Мариной идут в магазин покупать для Марины новое платье. Марина точно знает, какое платье она хочет. Фотография этого платья есть в журнале "Наша Мода". Все девочки в Маринином классе хотят такое платье! У Марины скоро день рождения и родители хотят сделать ей хороший подарок.

Мама с Мариной приходят в магазин женской одежды, где мама работает продавцом. Но сейчас она не продавец, а покупатель!

Марина ходит по магазину и смотрит на платья. Она думает, что её мама очень счастливая, потому что она работает в таком замечательном месте. "Здравствуйте, Валентина Ивановна, здравствуй, Марина! - говорят продавцы и улыбаются. - Что тебе нравится, Марина?" Марине всё нравится. Все платья очень красивые! Чёрные, белые, красные, синие ... Длинные юбки, короткие юбки... Длинные рукава, короткие рукава... Марина хочет купить их все! Но женская одежда слишком большая для неё! Марине нужна детская одежда!

Марина смотрит на детскую одежду. Ей ничего не нравится. Она думает: "Почему я расту так медленно?" А мама смотрит на Марину и думает: "Почему моя дочь растёт так быстро?"

1. Вы ча́сто покупа́ете но́вую оде́жду?
2. Вы всегда́ то́чно зна́ете, что хоти́те купи́ть?
3. Вы лю́бите ходи́ть по магази́нам и смотре́ть на пла́тья?
4. Как ча́сто вы покупа́ете но́вую оде́жду де́тям?
5. Каки́е пода́рки вы да́рите де́тям на день рожде́нья?
6. Како́й магази́н ваш люби́мый?
7. Каки́е магази́ны лю́бят ва́ши де́ти?
8. Что ва́ши де́ти лю́бят покупа́ть?
9. Как вы ду́маете, де́ти расту́т сли́шком бы́стро и́ли нет?
10. Вы хоти́те рабо́тать продавцо́м в магази́не?

День рождения	Birthday	Нравится	Like
Длинные	Long	Расти	To grow
Замечательное	Terrific	Редко	Seldom
Какое	Which	Синие	Blue
Короткие	Short	Счастливая	Happy
Место	Place	Точно	Exactly
Мода	Fashion	Часто	Often
Наоборот	In the opposite way		

14. ДЕНЬ РОЖДЕНИЯ МАРИНЫ

Сегодня понедельник, пятое января - день рождения Марины! И даже не надо идти в школу, потому что у детей сейчас зимние каникулы. Две недели не надо ходить в школу, а надо только отдыхать. Марине сегодня десять лет! Сейчас уже десять часов утра. Мама с папой уже на работе. Дома Света и бабушка. Бабушка на кухне, она готовит и слушает радио. Света в гостиной комнате смотрит мультфильмы по телевизору.

"Эй!" – кричит Марина, но её никто не слышит. Тогда Марина встаёт и идёт в гостиную. Света видит сестру и говорит: "Доброе утро! С Днём Рождения!" Приходит бабушка и тоже говорит: "С Днём Рождения!" Марина улыбается и говорит: "Спасибо!"

"Идите завтракать, девочки", - говорит бабушка. Девочки идут на кухню. На столе стоит большая тарелка с оладьями, варенье, чай в чайнике. "Бабушка, а где пирог?" - спрашивает Марина. Бабушка улыбается. Ей приятно, что девочкам нравятся её пироги.

"Пойдите, погуляйте на улице, смотрите, какая хорошая погода", - говорит бабушка.

Девочки смотрят в окно. На улице светит солнце, блестит снег. Их друзья и соседи уже бегают и играют во дворе. Сёстры одеваются и тоже бегут во двор. "Приходите обедать через два часа!" – кричит бабушка, но девочки её уже не слышат.

На улице к Марине подбегают её друзья. "Сегодня у Марины день рождения!" - говорит им Света. "С Днём Рождения, Марина! Поздравляем!" – кричат дети. Марине очень приятно. "Спасибо!" - говорит она. "Приходите ко мне домой в субботу отмечать мой день рождения". "Хорошо, спасибо!" - отвечают друзья.

Девочки играют во дворе до вечера. Бабушка видит их в окно.

Вечером, когда приходят с работы мама и папа и вся семья дома, все садятся за стол ужинать. После ужина бабушка ставит на стол пирог. "Поздравляем тебя с Днём Рождения, Марина!" - говорят все и дарят Марине подарки. Марине очень приятно! Для неё это самый приятный день в году.

1. Какой для вас самый приятный день в году?
2. Когда у вас день рождения?
3. Когда день рождения у вашего мужа или жены?
4. Когда день рождения у ваших детей? У ваших родителей?
5. Когда дни рождения у ваших друзей?
6. Кто поздравляет вас с днём рождения?
7. Где вы отмечаете ваш день рождения?
8. С кем вы его отмечаете?
9. Как вы его отмечаете?

Блестеть	To sparkle	Одеваться	To get dressed
Доброе утро	Good morning	Оладьи	Pancakes
Гостиная комната	Living room	Светить	To shine
Каникулы	Vacation	С Днём Рождения!	Happy birthday!
Кухня	Kitchen	Улыбаться	To smile

15. ЗИМНИЕ КАНИКУЛЫ

Зимой, в январе, после Нового Года, у детей зимние каникулы. В это время школы закрыты и никто не учится. И учителя, и ученики две недели отдыхают. Конечно, зимой холодно и часто идёт снег, дует холодный ветер, но это проблема небольшая. У всех есть тёплая одежда!

Конечно, зима - это не лето и нельзя поехать на юг и плавать в море. Слишком холодно! Нельзя также поехать за город и плавать в озере или в реке или кататься на велосипеде. В Подмосковье зимой реки и озёра покрыты льдом. Но зато можно поехать в горы или за город и кататься на лыжах и санках! По льду можно кататься на коньках. Или можно никуда не ехать, а ходить в парк и кататься на лыжах и санках там. Из снега можно сделать снеговика!

Парк недалеко от дома и девочки идут туда пешком.

Зимой дни короткие. Светает поздно, а темнеет рано. В каникулы утром не нужно вставать рано, можно поспать подольше. Девочки встают в десять часов утра и после завтрака идут в парк с лыжами или санками. В парке много других детей и даже родителей. Когда у родителей Светы и Марины выходные и они не работают, они тоже любят ходить в парк вместе с дочками и кататься там на лыжах.

Бабушка никогда не ходит в парк зимой. У неё от холода болят ноги. Бабушка зиму не любит. Бабушка ждёт внучек дома. "Не гуляйте долго, холодно, можно простудиться!" - говорит она, но Света и Марина только смеются. "Нам тепло!" - отвечают они. У нас одежда тёплая!"

Бабушка пьёт горячий чай и смотрит в окно. В окно она видит, как девочки идут по улице в парк. Когда девочки идут домой из парка, бабушка их не видит, потому что спит возле телевизора.

После парка девочки хотят есть. Они идут на кухню и смотрят, какая еда есть в холодильнике. Бабушка их слышит. "Ой, вы здесь!" - говорит она. Девочки смеются. "Мы есть хотим", - говорят они.

1. Вы любите зиму?
2. Что вам больше нравится - зима или лето?
3. Когда вы больше любите отдыхать - зимой или летом?
4. Там, где вы живёте, зима холодная или не очень?
5. Там, где вы живёте, зимой идёт снег?
6. У вас есть тёплая зимняя одежда?
7. Куда можно поехать зимой?
8. Что можно делать зимой?
9. Вы катаетесь на лыжах? На коньках?
10. Вы любите плавать?

Болят	Hurt	Озеро	Lake
Велосипед	Bicycle	Плавать	To swim
Дуть	To blow	Река	River
Закрыты	Closed	Санки	Sledges
Здесь	Here	Светать	To get lighter
Кататься	To ride	Слишком	Too (excessively)
Лыжи	Ski	Темнеть	To get darker
Море	Sea	Холодно	Cold
Ноги	Legs		

16. СВЕТА БОЛЕЕТ

Утром, когда Света просыпается, у неё болит голова, болит горло, она кашляет и у неё насморк. Марина смотрит на Свету и говорит: "Ой, какая ты красная!" "Это ты красная", - отвечает Света и смотрит в зеркало. И правда, её лицо красное!

"У тебя, наверное, грипп!" - говорит Марина и зовёт бабушку. У бабушки в руке термометр. Нужно знать, какая у Светы температура. Температура у неё высокая: 38 градусов!

Света болеет! Свету надо лечить! Надо позвонить в поликлинику врачу. Бабушка бежит к телефону. "Алло, это поликлиника? Нам нужен врач. Моя внучка болеет. Её надо лечить! Да, температура у неё высокая. У неё головная боль, красное горло, кашель, насморк", - бабушка почти кричит. "Врач идёт к вам. Ждите", - отвечают ей.

Звонок в дверь. Это врач. "Здравствуйте, доктор, мы вас ждём", - говорят бабушка и девочки. "Здравствуй, Света, что с тобой?" - говорит доктор и улыбается. Врач - женщина, Людмила Степановна. Она хорошо знает Свету и Марину, лечит их с раннего детства. Девочки болеют не очень часто, но иногда все люди болеют!

"У тебя простуда", - говорит Людмила Степановна Свете. "Я вижу, как ты бегаешь во дворе по снегу без шапки, а погода сейчас холодная, снег, ветер. Без шапки гулять нельзя! Теперь тебе надо побыть несколько дней дома, на улицу выходить нельзя. Пей лекарство, пей чай с лимоном, тёплое молоко с мёдом". Врач даёт бабушке рецепт на лекарство. Надо быстро идти в аптеку за лекарством и лечить Свету. Бабушка даёт Марине деньги и рецепт,

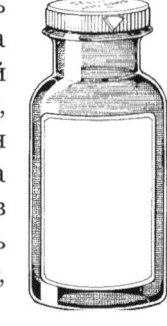

Марина бежит в аптеку и покупает лекарство для сестры.

"Не хочу это лекарство, оно невкусное, горькое. Ты его пей! А я хочу что-нибудь вкусное. Хочу конфеты! Шоколад! Торт!" - говорит Света. Марина смеётся: "А живот у тебя не болит? Ты что, хочешь болеть все каникулы? Пей лекарство, если хочешь смотреть мультфильмы по телевизору. Не пьёшь лекарство - не смотришь телевизор!" "Почему Марина старшая сестра, а не я?" - думает Света и пьёт лекарство.

1. Вы часто болеете?
2. Что у вас болит, когда вы болеете?
3. Кто вас лечит?
4. Вам нравится пить лекарства?
5. Ваши дети часто болеют?
6. У вас хороший врач?
7. Вы давно знаете вашего врача?
8. Ваша поликлиника далеко от дома?
9. Где вы покупаете лекарства?
10. Аптека далеко от дома?

Аптека	Pharmacy	Женщина	Woman
Болит	Hurts	Зеркало	Mirror
Болеет	Is sick	Кашлять	To cough
Боль	Pain	Лекарство	Medicine
Врач	Doctor	Лечить	To treat
Высокая	High	Лицо	Face
Голова	Head	Насморк	Runny nose
Горло	Throat	Позвонить	To call on the phone
Горькое	Bitter		
Грипп	Flu	Простуда	Cold
Деньги	Money	Просыпаться	To wake up
Живот	Stomach	Что-нибудь	Something

17. У БАБУШКИ С ДЕДУШКОЙ

Хорошо, когда есть бабушка с дедушкой! Ещё лучше, когда они живут близко, в соседнем доме. Обычно бабушка каждый день приходит домой к Свете и Марине, когда их родители уходят на работу. Она готовит обед и ужин для семьи, ждёт внучек после школы, кормит их. Бабушка молодец! Но она старенькая, ей уже семьдесят пять лет. У бабушки часто болят ноги, она плохо ходит. Ещё у неё часто болит спина. Тогда ей совсем трудно ходить, но она идёт к детям, потому что очень любит их, и она знает, что им нужна её помощь. Бабушка знает, что без её помощи всем очень трудно. Света и Марина не могут быть дома одни, без взрослых.

Дедушка тоже иногда помогает детям, но он не умеет готовить! Он не может приготовить обед и ужин для семьи. Он может помогать бабушке, когда она говорит, что надо делать. Но он делает всё очень медленно - так думает бабушка. И он тоже уже старенький, плохо ходит, плохо видит и слышит.

Сегодня с утра бабушка плохо себя чувствует. Сильно болит спина и ходить трудно. На улице идёт снег, температура минус 15 градусов, а это очень холодно. Сегодня бабушка не может выходить из дома. Что же делать? Бабушка звонит по телефону маме Светы и Марины. Мама слушает, что говорит бабушка. "Сегодня после школы девочки приходят к тебе", – решает мама. "Ты болеешь! Сегодня они должны тебе помогать, а не ты им. Ничего не делай! Отдыхай".

Из школы Света и Марина идут не к себе домой, а к бабушке и дедушке. У бабушки и дедушки небольшая двухкомнатная квартира на пятом этаже. В квартире тепло, пахнет едой. Бабушка с помощью дедушки готовит для детей куриный суп. "Бабушка, это мы тебе должны помогать сегодня! Мы должны

34

готовить суп для тебя! Тебе надо отдыхать. Ты же болеешь! Ты плохо себя чувствуешь!" - говорят девочки. "Ничего, ничего. Мне уже лучше. Я уже хорошо себя чувствую. Я не могу отдыхать, когда дома нет супа! Мне только ходить трудно, а суп я всегда могу приготовить, для этого ноги не нужны. Только руки. И курица", - отвечает бабушка.

1. У вас есть бабушка и дедушка?
2. Где живут ваши бабушка и дедушка?
3. Как их зовут?
4. Сколько им лет?
5. Как они себя чувствуют?
6. Что у них болит?
7. Они хорошо видят и слышат?
8. Вы часто приходите к бабушке и дедушке?
9. Вы им помогаете?
10. Как вы думаете, дети могут быть дома одни, без взрослых?

Взрослые	Adults	Спина	Back
Обычно	Usually	Плохо себя чувствуешь	You feel bad
Помогать	To help		
Помощь	Help	Лучше	Better
Решать	To decide		

18. ВОСЬМОЕ МАРТА

Сейчас ранняя весна, месяц март. Воздух теплеет, снег тает. Температура воздуха сегодня утром - пять градусов тепла. Солнечно. Сегодня четверг, но все дома, и дети, и взрослые. Никому не надо никуда идти, ни на работу, ни в школу. Этот четверг - выходной день. Почему? Потому что сегодня праздник и почти никто не работает и не учится. Сегодня Женский День, Восьмое Марта. В России этот день нерабочий. Все женщины России очень любят этот праздник! Его отмечают в каждой семье.

Восьмого марта с утра все мужчины поздравляют своих жён, матерей, дочерей, сестёр, подруг и знакомых. Самым близким и любимым женщинам мужчины дарят цветы и подарки: конфеты, духи, украшения. Мужья помогают жёнам по дому. В этот день женщины не моют посуду и не делают уборку в доме! Всё это делают мужчины. Если мужчина умеет хорошо готовить, он готовит праздничный ужин. Часто, чтобы отметить Восьмое Марта, мужчины приглашают своих женщин в рестораны или кафе, на танцы. Талантливые мужчины даже пишут своим женщинам стихи ! Всё, что женщины должны делать в этот день, это быть весёлыми, красивыми, довольными, улыбаться и смеяться!

Этот праздник отмечает вся страна Перед Восьмым Марта, в рабочие дни, мужчины поздравляют женщин - своих коллег по работе. Каждая женщина получает красивую открытку и какой-нибудь маленький подарочек или букетик цветов. В школах дети поздравляют женщин-учителей, пишут им поздравительные открытки, дарят цветы. В школах иногда делают праздничные концерты, куда приглашают учителей, учеников и родителей.

На улицах, в метро, в автобусах и троллейбусах можно увидеть красиво одетых женщин с цветами.

Восьмого Марта по радио и по телевизору весь день идут праздничные передачи, концерты с музыкой, песнями, стихами. Мужчины говорят о своих чувствах к женщинам.

Конечно, каждой женщине приятно такое внимание! Женщинам очень жаль, что Восьмое Марта только один раз в году!

1. В вашей стране есть женский праздник?
2. У вас есть жена, мать, дочь, сестра, подруга?
3. Когда вы их поздравляете с женским праздником?
4. Как вы их поздравляете?
5. У вас есть муж, отец, брат, друг?
6. Когда они вас поздравляют с женским праздником?
7. Как они вас поздравляют?
8. Какие подарки любят женщины?
9. Вы пишете стихи?
10. Вы умеете петь?
11. Вы любите танцевать?

Близкий	Close	Приглашать	To invite
Букетик	Bouquet	Раз в году	Once a year
Внимание	Attention	Ранняя	Early
Довольные	Pleased	Солнечно	Sunny
Должны	Must	Стихи	Poetry
Жаль	Pity	Таять	To melt
Знакомый	Acquaintance	Танцевать	To dance
Открытка	Post card	Теплеть	To get warmer
Песни	Songs	Украшения	Jewelry
Получать	To receive	Чувства	Feelings
Посуда	Dishes		

19. ПРОГУЛКА ПО МОСКВЕ

Москва - столица Российской Федерации. Это большой красивый город. В Москве живёт очень много людей. Много людей приезжает в Москву по делам каждый день. В Москву также приезжает очень много туристов. Туристы приезжают из других городов России, а также из других стран мира. Больше всего туристов приезжает, конечно, летом, когда погода тёплая и приятно гулять по улицам.

В Москве много интересных мест, красивых улиц, зданий, памятников. Очень приятно гулять в центре города, смотреть на красивые старинные здания, любоваться архитектурой. В центре Москвы много магазинов, ресторанов, театров. Одна из самых любимых улиц москвичей - улица Старый Арбат. Туда можно доехать на метро до станции Арбатская, а потом можно долго идти по этой улице пешком. На этой улице часто можно увидеть уличных художников, которые продают свои картины. Недалеко от Старого Арбата находится улица Новый Арбат. Это более современная, широкая улица. На ней находится большой книжный магазин, который называется Дом книги.

Самое "сердце" Москвы - это, конечно, Красная Площадь и Кремль. Туда можно доехать на метро до станции Площадь Революции или до станции Тверская. На территории Кремля, а также рядом с Кремлём есть очень интересные музеи. Можно купить билет и пойти в музей. Можно погулять в Александровском саду, подойти к Вечному Огню. Если нужно купить сувениры или подарки для семьи и друзей, можно подойти к киоскам с сувенирами. Совсем недалеко от Красной Площади находится знаменитый Большой Театр. Туда обязательно надо пойти, чтобы посмотреть знаменитый русский классический балет или послушать оперу.

Если вы любите картины, обязательно пойдите в Третьяковскую галерею - там находятся картины знаменитых русских художников. Третьяковская галерея находится недалеко от станции метро Третьяковская. Москвичи также о́чень лю́бят Пу́шкинский музе́й, там не то́лько карти́ны, но и скульпту́ры. Этот музе́й нахо́дится недалеко́ от ста́нции метро́ Кропо́ткинская.

В Москве́ мо́жно везде́ дое́хать на городско́м тра́нспорте. Здесь есть о́чень хоро́шее метро́. Ста́нции метро́ краси́вые, поезда́ е́здят ча́сто, ка́ждые не́сколько мину́т. Метро́ начина́ет рабо́тать ра́но у́тром и зака́нчивает по́здно но́чью. В го́роде мно́го авто́бусов, тролле́йбусов, трамва́ев. Дое́хать из одного́ конца́ Москвы́ в друго́й - это не пробле́ма, то́лько на э́то мо́жет уйти́ мно́го вре́мени.

Что́бы отдохну́ть от городско́го шу́ма, мо́жно пое́хать в оди́н из Моско́вских па́рков и погуля́ть там среди́ дере́вьев и цвето́в.

А е́сли вы хоти́те есть, мо́жно пое́сть в рестора́не и́ли в кафе́. Ру́сская еда́ о́чень вку́сная! Но э́то уже́ друга́я исто́рия.

1. Что вы зна́ете о Москве́?
2. Вы хоти́те когда́-нибудь пое́хать в Москву́?
3. Како́й го́род - столи́ца ва́шей страны́?
4. В како́м го́роде вы живёте?
5. Каки́е интере́сные места́ есть в ва́шем го́роде?
6. Како́й тра́нспорт есть в ва́шем го́роде?
7. Вы лю́бите ходи́ть в музе́и, в теа́тры, на конце́рты?
8. Вы лю́бите гуля́ть по городски́м у́лицам?
9. Вы ча́сто е́здите в други́е города́?
10. У вас до́ма есть сувени́ры из други́х городо́в?

Е́здить	To go (transport)	Отдохну́ть	To rest
Зда́ние	Building	Па́мятник	Memorial
Знамени́тый	Famous	Приезжа́ть	To come (by transport)
Исто́рия	Story	Столи́ца	Capital
Карти́на	Painting	Страна́	Country
Любова́ться	to admire	Худо́жник	Artist
Метро́	Subway	Центр	Center
Мир	World		

20. РУССКАЯ КУХНЯ

Что люди делают, когда хотят есть? Если они в это время у себя дома, то идут на кухню, открывают холодильник, смотрят, какая еда там есть и берут, что нравится. Есть семьи, где много готовят, покупают много продуктов, и в холодильнике всегда есть, что поесть. В семье Сергеевых готовит бабушка, а в магазин за продуктами ходят мама с папой или девочки.

Бабушка всегда пишет, что надо купить, и даёт список тому, кто идёт в магазин. Бабушка думает, что в доме всегда должны быть продукты: мясо, рыба, курица, картошка, капуста, морковь, лук и другие овощи для супа; огурцы, помидоры, зелень, сметана для салата; сыр, колбаса, масло, хлеб для бутербродов; макароны, гречка, яйца, творог - на завтрак; напитки: молоко, чай, кофе, соки, компот. Фрукты: яблоки, апельсины, мандарины. На сладкое бабушка любит мёд, конфеты, печенье, варенье, иногда шоколад. Варенье бабушка предпочитает своё, домашнее. Каждый год летом и особенно осенью, когда много фруктов и ягод, бабушка с утра до вечера варит варенье из яблок, вишни, слив, абрикосов, клубники, малины. Вся семья должна ей помогать! Все любят пить чай с вареньем, особенно, если оно домашнее, приготовлено своими руками. Традиционный русский напиток - это компот, который готовят обычно из сухофруктов.

А если у вас дома нечего есть, вы турист, приехали из другого города по работе или хотите чего-нибудь особенного, можно пойти поесть в кафе или ресторан. В Москве есть кафе и рестораны на любой вкус. Туристам, конечно, интересна русская кухня. В русских ресторанах готовят по традиционным русским рецептам. Во многих русских традиционных рецептах готовят с грибами: грибные супы, пирожки с грибами, жареные грибы на второе. Также традиционные русские супы - это щи и борщ. Их готовят на мясном бульоне. Щи готовят из капусты, а борщ - из капусты и свёклы. В России едят много картошки: варёную картошку, жареную картошку, картофельное пюре.

Русский обед обычно из трёх блюд: суп, второе, компот. Кроме этого, можно заказать закуску, например, селёдку, или салат

40

Оливье́, и́ли винегре́т. На десе́рт мо́жно заказа́ть кусо́к то́рта с ча́ем и́ли ко́фе. К ча́ю обы́чно даю́т лимо́н и мёд.

Ру́сская ку́хня о́чень вку́сная! Но е́сли ру́сская еда́ кому́-то почему́-то не нра́вится, то всегда́ мо́жно пойти́ в МакДо́налдс (где же его́ нет...)

1. В ва́шем го́роде есть ру́сский рестора́н?
2. Вы зна́ете, где он нахо́дится?
3. Вы когда́-нибудь еди́те в ру́сском рестора́не?
4. Каки́е ру́сские блю́да вы зна́ете?
5. Вы лю́бите блю́да с гриба́ми?
6. Каки́е супы́ вы еди́те?
7. Вы гото́вите до́ма варе́нья и компо́ты?
8. Что вы обы́чно зака́зываете на десе́рт?
9. Вам нра́вится еда́ в МакДо́налдсе?
10. Как вы ду́маете, МакДо́налдс есть везде́?

Абрико́сы	Apricots	Морко́вь	Carrots
Апельси́ны	Oranges	Нахо́дится	Is located
Блю́до, блю́да	Dish	Огурцы́	Cucumbers
Брать	To take	Открыва́ть	To open
Варёная	Boiled	Пече́нье	Cookies
Варе́нье	Jam	Пирожо́к, пирожки́	Pastry
Ви́шня	Cherry		
Грибы́	Mushrooms	Помидо́ры	Tomatoes
Дома́шнее	Homemade	Почему́-то	For some reason
Еда́	Food		
Жа́реная	Fried	Пригото́влено свои́ми рука́ми	Made with your own hands
Заказа́ть, Зака́зывать	To order		
Заку́ска	Appetizer	Сала́т	Salad
Зе́лень	Greens	Свёкла	Beets
Капу́ста	Cabbage	Селёдка	Herring
Клубни́ка	Strawberries	Сли́ва	Plum
Компо́т	Fruit soup	Смета́на	Sour cream
Когда́-нибудь	Some day	Сухофру́кты	Dry fruits
Кусо́к	Piece	Традицио́нный	Traditional
Ку́хня	Kitchen, cuisine	Я́годы	Berries
Любо́й	Any		
Лук	Onion		
Мали́на	Raspberry		
Мандари́ны	Tangerines		

41

Цифры, дни, месяцы

1	один	21	двадцать один
2	два	22	двадцать два
3	три	30	тридцать
4	четыре	40	сорок
5	пять	50	пятьдесят
6	шесть	60	шестьдесят
7	семь	70	семьдесят
8	восемь	80	восемьдесят
9	девять	90	девяносто
10	десять	100	сто
11	одиннадцать	200	двести
12	двенадцать	300	триста
13	тринадцать	400	четыреста
14	четырнадцать	500	пятьсот
15	пятнадцать	600	шестьсот
16	шестнадцать	700	семьсот
17	семнадцать	800	восемьсот
18	восемнадцать	900	девятьсот
19	девятнадцать	1000	тысяча
20	двадцать	2000	две тысячи

Days		Months	
Понедельник	Monday	Январь	January
Вторник	Tuesday	Февраль	February
Среда	Wednesday	Март	March
Четверг	Thursday	Апрель	April
Пятница	Friday	Май	May
Суббота	Saturday	Июнь	June
Воскресенье	Sunday	Июль	July
		Август	August
		Сентябрь	September
		Октябрь	October
		Ноябрь	November
		Декабрь	December

Русский алфавит

Аа Бб Вв Гг
Дд Ее Ёё Жж
Зз Ии Йй Кк
Лл Мм Нн Оо
Пп Рр Сс Тт
Уу Фф Хх Цц
Чч Шш Щщ Ъъ
Ыы Ьь Ээ Юю
Яя

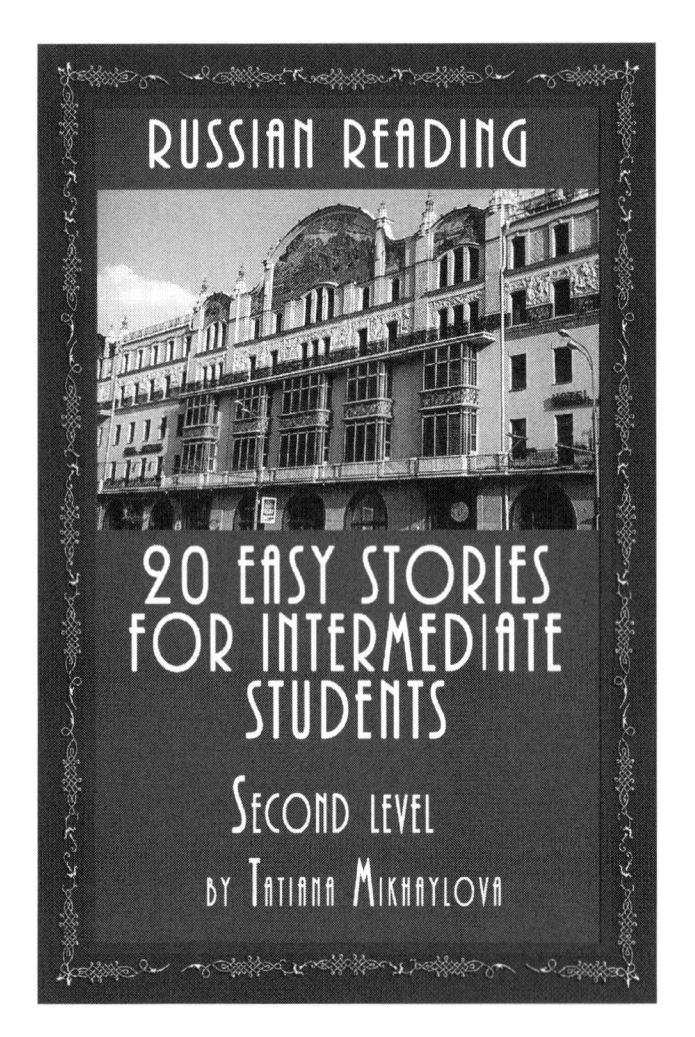

This is the second in a serious of books of short stories designed for intermediate students who study the Russian language. This book covers various topics of everyday life in modern Russia. It follows the life of a family residing in Moscow, and describes their activities, thus offering the readers vocabulary and grammar that can be used in multiple day-to-day situations. Each chapter in this book describes a particular common occasion, such as inviting and entertaining guests; home cooking (with a real recipe of a delicious chicken broth); shopping for gifts, souvenirs, and furniture; buying a new apartment and a car; visiting the zoo; visiting the countryside and much more.

You can buy this book at: https://www.createspace.com/7138175

Practicing verbs of motion

КУДА ЕДЕТ АВТОБУС?

A story for advanced readers in Russian and English

BY TATIANA MIKHAYLOVA

This book is designed for students of advanced levels, who can read more complex texts in Russian, and are working on further improving their grammar. In particular, the focus of the story is on verbs of motion, which frequently present a challenge for students because of their variety, multiple prefixes that change a meaning of a verb, as well as perfective and imperfective forms of a verb.

Each of the twenty chapters in this story are followed by an exercise, where the readers are asked to fill in the blanks with a missing word from the story, which most of the time, will be a verb of motion. Thus, the students are able to check how well they remember and understand the meaning of each verb.

You can buy this book at: https://www.createspace.com/5803761

Russian Reading

КУДА ЛЕТИТ САМОЛЁТ?

A dual language book for intermediate and advanced readers focusing on verbs of motion and much more

BY TATIANA MIKHAYLOVA

    This is a dual language book (the English translation follows the original story) designed for students of intermediate and advanced levels, who can read more complex texts in Russian and are working on further improving their grammar and vocabulary.

    The readers should be familiar, or currently learning declension of nouns, conjugation of verbs, past, present and future tenses; understand how complex sentences are formed and how main and subordinate sentences are joined together by linking words. In a couple of chapters there is a lot of subjunctive mood as well as the construction that is used to express a wish, and also other standard constructions commonly used in the Russian language, both written and spoken.

You can buy this book at: https://www.createspace.com/6040468

Russian Reading

КОГО ВЕЗЁТ МАШИНА?

A story for advanced readers in Russian and English

BY TATIANA MIKHAYLOVA

    This book is designed for students of intermediate and advanced levels, who can read more complex texts in Russian, and are working on further improving their grammar. In particular, the focus of the story is on verbs of motion, which frequently present a challenge for students because of their variety, multiple prefixes that change a meaning of a verb, as well as perfective and imperfective forms of a verb.
    The verbs are used in the past, present and future tenses.
    This is a dual language book, translated into English, page by page.

You can buy this book at: https://www.createspace.com/6609206

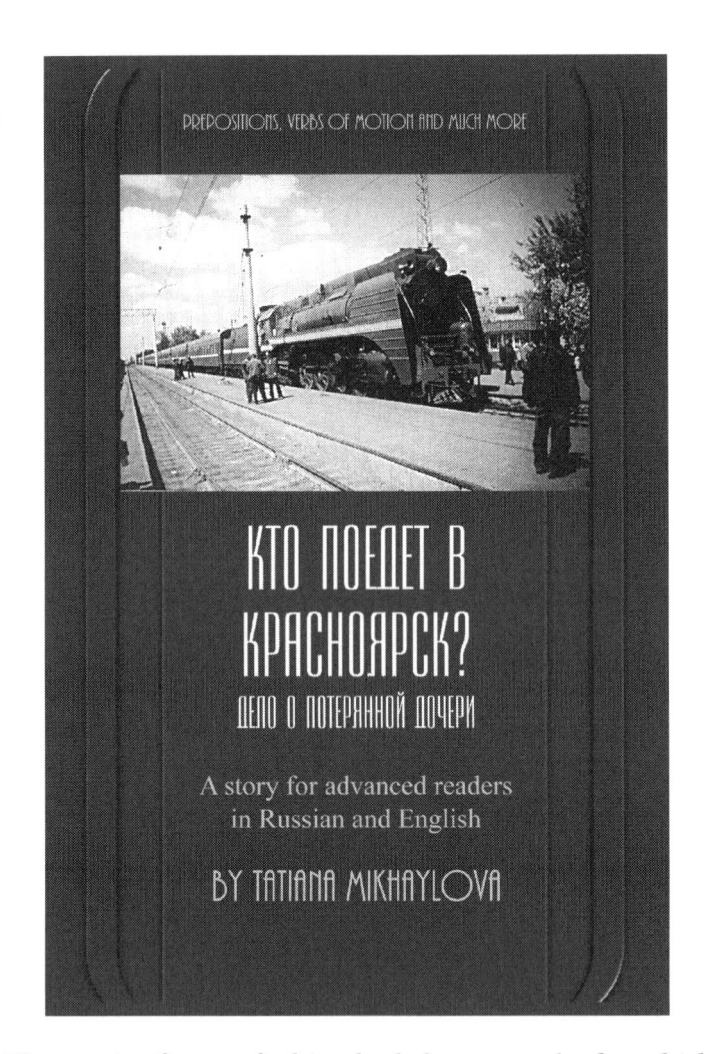

The main focus of this dual language book, which is designed for both intermediate and advanced learners, is on the Russian prepositions. It is a unique tool to learn and practice as each page of the story is followed by exactly same text with blank spaces instead of prepositions for the readers to fill in and check their knowledge.

The story has a fascinating plot of adventure which captures the reader's attention. It has extensive vocabulary used in multiple day-to-day situations, as well as a lot of verbs of motion and travel-related words and expressions.

You can buy this book at: https://www.createspace.com/7138175

Printed in Great Britain
by Amazon